EXPOSÉ

DES MOTIFS DE LA SCISSION

QUI A EU LIEU

Le 26 Germinal an 6,

DANS

L'ASSEMBLÉE ELECTORALE

DU DEPARTEMENT

DE SEINE ET OISE,

Tels qu'ils sont consignés dans
le Procès - verbal de ladite
Assemblée.

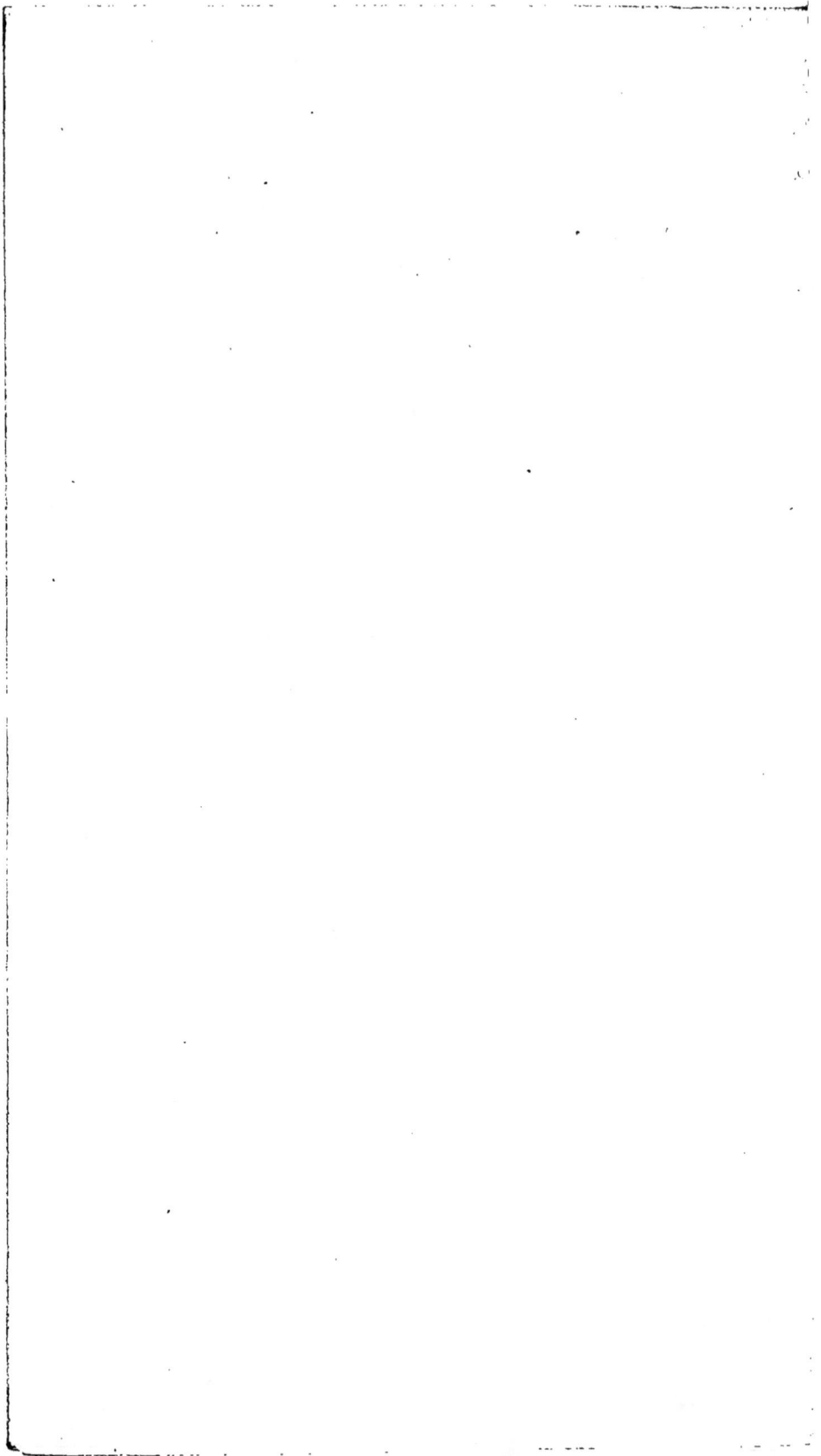

EXPOSÉ

DES MOTIFS DE LA SCISSION

QUI A EU LIEU

Le 26 Germinal an 6,

DANS

L'ASSEMBLÉE ÉLECTORALE

DU DEPARTEMENT

DE SEINE ET OISE,

Tels qu'ils sont consignés dans le Procès - verbal de ladite Assemblée.

———◦———

N o u s , Membres de l'Assemblée Electorale du Département de Seine et Oise, résolus à remplir scrupuleusement la mission importante dont la volonté du peuple nous a chargés ; convaincus que nous serions hors d'état de remplir cette mission , au sein d'une Assemblée dominée par une minorité qui professe les principes les plus inconstitutionnels, et qui par des menaces, en impose à la majorité qu'elle opprime; forcés ainsi de nous séparer de cette Assemblée , pour ne pas partager l'illégalité de ses opérations , et pour que les habitans de notre Département ne soient pas privés, par la nullité évidente de tels actes , de la Représentation qui leur appartient, dans le Corps Législatif, et de la nomination de leurs Fonctionnaires; croyons devoir exposer les faits qui légitiment le parti douloureux , mais nécessaire , que nous avons pris.

- Dès les premiers instans de la formation de notre Assemblée, nous nous étions apperçus qu'elle renfermait dans son sein, quelques individus appartenant à une faction dont les intentions sont manifestement contraires à l'acte constitutionnel, aux Proclamations du Gouvernement, et à cet esprit conservateur qui seul peut mettre un terme à nos maux, et consolider la République. Nous ne nous permettrons aucune observation sur la composition du Bureau : le vœu de la majorité, même entraînée ou séduite, doit être respecté, lorsque les formes ne sont pas violées. Mais dans la séance du 24 Germinal, toutes les formes protectrices des droits des Citoyens, ont été foulées aux pieds.

Cette séance était destinée à la vérification des pouvoirs : plusieurs commissions avaient présenté le résultat de leur travail ; les Électeurs désignés par elles, avaient été admis.

La neuvième commission annonça que parmi les Procès-verbaux soumis à son examen, le canton des Essarts en avait présenté de doubles, attendu qu'il y avait eu scission. Elle ajouta que l'un et l'autre Procès-verbal leur ayant paru parfaitement en règle, elle ne pouvait que s'en rapporter à la décision de l'Assemblée.

La discussion s'ouvre : quelques Membres proposent d'établir les principes généraux, d'après lesquels toutes les scissions seraient jugées, et de les appliquer ensuite aux cas particuliers de chacune d'elles. Cette proposition qui tendait à faire régner dans les décisions l'impartialité la plus complette , est rejettée. Un Membre demande qu'après la simple lecture des deux Procès-verbaux contradictoires , l'Assemblée prononce sur les scissions ; sans discussion ni examen ultérieurs. Oui, Citoyens, dit un autre Membre du haut du Bureau , il est tems que ceci finisse. Il est tems de sortir les patriotes de l'état d'avilissement dans lequel ils gémissent; il est bien question de principes abstraits, de formalités inutiles. La balance de nos décisions doit être celle du patriotisme. Faites-vous lire les procès-verbaux de chaque assemblée scissionnaire : voyez de quel côté sont les patriotes énergiques: admettez - les , fussent-ils en minorité ; rejettez les autres , vous accomplirez le vœu du Corps Législatif et du Directoire.

Cette proposition paraît adoptée malgré les efforts de quelques Membres, pour représenter à l'assemblée qu'elle est directement opposée à tous les principes d'une constitution représentative, et à la lettre même de la loi, en forme d'instruction, qui défend toute discussion sur les opinions des individus, et ne permet d'examiner que leurs droits et leurs qualités politiques.

On reclame l'appel nominal ; on invoque encore l'instruction qui interdit l'exclusion de tout individu , dont on n'aurait pas écouté la défense ; on observe enfin que la salle était remplie d'étrangers.

Le président les invite à se retirer. Quelques individus sortent : ils prouvent ainsi, que des hommes sans mission, des hommes illégalement introduits au milieu de nous , avaient concouru à l'adoption de la proposition dont nous demandions le rapport. Cependant l'appel nominal est refusé : l'Assemblée passe à l'ordre du jour ; toutes les scissions sont jugées, d'après le mode adopté par la faction : quelquefois on permet aux Membres qu'on veut exclure , de prononcer quelques mots , étouffés par des interruptions et des clameurs. On les écoute à peine , on leur répond par des assertions dénuées de preuves. Un Membre, s'autorisant de son expérience dans les assemblées législatives, demande et obtient sans cesse la priorité pour les scissionnaires. En moins d'une heure , plusieurs électeurs , mandataires légitimes de Citoyens soumis aux loix, sont expulsés de l'Assemblée , et des hommes nommés par de faibles minorités, ou par des réunions clandestines, ou par des attroupemens tumultueux , sont admis à exercer des droits dont ils n'avaient jamais été revêtus.

Dès-lors peut-être nous aurions dû protester contre les opérations de l'assemblée; mais il est tellement douloureux pour des amis de la République de se séparer de républicains même égarés; nous étions tellemens convaincus que la majorité gémissait comme nous des irrégularités qu'elle était forcée de commettre, que nous crûmes devoir attendre jusqu'au lendemain , pour reclamer à la lecture du Procès – verbal, contre tout ce qui s'était passé la veille.

Quel fut notre étonnement, lorsque, sous le prétexte que le Procès – verbal n'avait pu être rédigé, un membre du

bureau proposa de remettre la lecture
à la séance suivante, et de procéder à
des opérations ultérieures! Un autre
membre déclara que la majorité seu-
lement de l'assemblée était républi-
caine, désignant de la sorte comme des
conspirateurs, ceux qui avaient com-
battu ses propositions inconstitution-
nelles, et reclamé contre les fautes
qu'il faisait commettre à ses collègues
égarés.

Un membre s'étant présenté pour
s'opposer à cette proposition, se vit
aussitôt interrompu, menacé, accusé
par les factieux. Jamais il ne put prononcer une phrâse entière, sans que la
salle retentît de clameurs et d'injures.
Le président, dans l'impuissance de
maintenir l'ordre, se couvrit deux fois:
enfin, après une longue lutte, l'ora-

teur fut forcé de se résumer avant d'avoir appuyé son opinion par les développemens nécessaires. On demanda de suite l'ordre du jour. Quelques membres reclamèrent ; le tumulte recommença ; et l'heure où l'Assemblée doit se séparer étant heureusement arrivée, la préserva d'une nouvelle illégalité, en forçant la faction qui l'opprimait, à consentir à la levée de la séance.

Le lendemain 26, après la lecture du Procès-verbal, un membre demanda et obtint enfin la parole. Il fit sentir toute l'illégalité de la délibération du 24 ; il développa toutes les infractions faites aux Loix, par la décision prise le même jour, en faveur des Assemblées scissionnaires ; il refuta cette doctrine monstrueuse, à l'aide de laquelle une poignée d'hommes veulent priver de l'exercice des droits que la constitution leur assure, la masse des citoyens paisibles, amis de la liberté, mais soumis aux loix : il prouva que la balance du patriotisme n'était que celle de la justice ; que le patriotisme consistait dans l'observance de ces formes protectrices, qui seules préservent de la violence et de l'anarchie ; que dans une République les patriotes étaient ceux qui respectent la volonté générale, bâse d'un gouvernement représentatif. Enfin il conclut, 1.°, au rapport de l'arrêté du 24, et des décisions prises par suite de cet arrêté ; 2.°, à l'admission des Citoyens nommés par les diverses fractions des Assemblées scissionnées, pour qu'ils pussent, tous également, être entendus, eux et ceux des membres de l'assemblée électorale qui se porteraient leurs défenseurs ; 3.°, à ce que l'assemblée électorale, cet examen fait, et sa conscience éclairée, prononcât de nouveau en séance tenante, sur la validité des élections.

L'ordre du jour fut aussitôt reclamé par la faction. Plusieurs membres tentèrent inutilement d'appuyer les propositions précédentes. Les clameurs recommencèrent; l'ordre du jour fut remis aux voix, et adopté.

Alors ne voyant plus aucun moyen de nous opposer à des actes que nous considérions comme contraires à toutes les loix, l'un de nous s'avança vers le Président de l'assemblée et lui déclara, tant en son nom, qu'en celui des Citoyens qui partageaient son opinion, que puisque l'assemblée persistait dans un arrêté illégal, ils ne pouvaient prendre une part ultérieure à ses opérations, et se voyaient forcés de se retirer.

Nota. A la suite de cette déclaration les membres de l'assemblée électorale se sont adressés aux autorités compétentes, ont obtenu un local, et après avoir rempli toutes les formalités nécessaires, s'étant constitués, ils ont procédé d'après les loix, aux opérations dont la constitution et la confiance de leurs commettans les avaient chargés.

www.ingramcontent.com/pod-product-compliance
Lightning Source LLC
Chambersburg PA
CBHW061814040426

42447CB00011B/2645